Impressum
Verlag: BABADADA GmbH, Nedderfeld 112 , 22529 Hamburg
Geschäftsführer / Verlagsleitung: Harald Hof
Druck: Books on Demand GmbH, In de Tarpen 42, 22848 Norderstedt

Imprint
Publisher: BABADADA GmbH, Nedderfeld 112 , 22529 Hamburg, Germany
Managing Director / Publishing direction: Harald Hof
Print: Books on Demand GmbH, In de Tarpen 42, 22848 Norderstedt

בית ספר

școală

כיתה
sală de clasă
חילק
a împărți
186/2
לוח
tablă
curte a școlii
מורה
profesor
נייר
hârtie
כתב
a scrie
עט
instrument de scris
שולחן ע
să de birou
סרגל
riglă
ספר
carte
תלמיד
elev

ילקוט

ghiozdan

קלמר

penar

עיפרון

creion

מחדד

ascuțitoare

גומי מחיקה

radieră

חוברת סרטוט

bloc de desen

סרטוט

desen

מברשת

pensulă

קופסת צבעים

cutie de acuarele

מספריים

foarfece

דבק

lipici

ספר תרגול

caiet de exerciţii

שיעור בית

temă

12

מספר

număr

2+2

חיבר

a aduna

5-2

חיסר

a scădea

2×2

הכפיל

a multiplica

חישב

a calcula

A

אות

literă

ABCDEFG
HIJKLMN
OPQRSTU
VWXYZ

אלפבית

alfabet

hello

מילה

cuvânt

טקסט
text

קרא
a citi

גיר
cretă

שיעור
oră

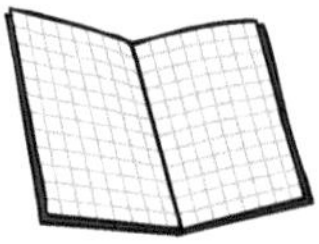

יומן נוכחות
catalog

מבחן
examen

תעודה
certificat

תלבושת בית ספר
uniformă școlară

חינוך
educație

אנציקלופדיה
enciclopedie

אוניברסיטה
universitate

מיקרוסקופ
microscop

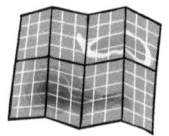

מפה
hartă

סל נייר
coș de gunoi

נסיעה
călătorie

מלון
hotel
Grand
הוסטל
hostel
ROOMS
CHANGE
המרת מטבע
casă de schimb valutar
מזוודה
valiză
אוטו
autovehicul

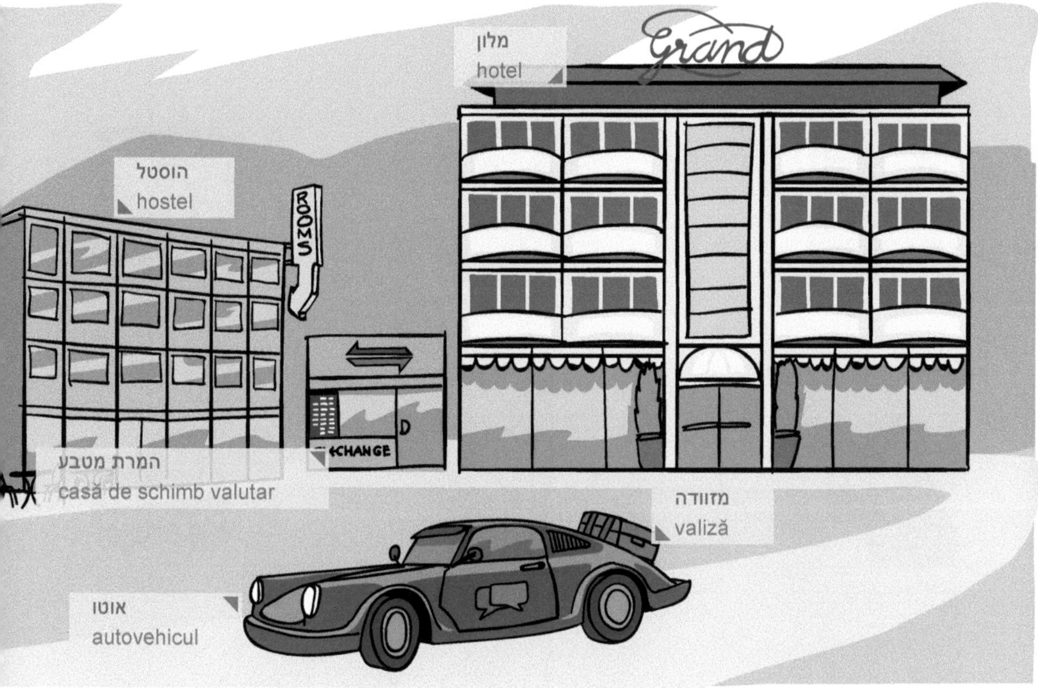

שפה

limbă

כן / לא

da/nu

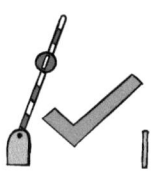

בסדר

okay

שלום

Bună!

מתרגם

interpret

תודה

mulțumesc

כמה עולה.....?

Cât costă...?

אני לא מבין

Nu înțeleg

בעיה

problemă

ערב טוב!

Bună seara!

בוקר טוב!

Bună dimineața!

לילה טוב!

Noapte bună!

להתראות

la revedere

כיוון

direcție

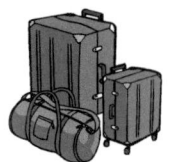

כבודה

bagaj

תיק

geantă

תרמיל גב

rucsac

אורח

oaspete

חדר

cameră

שק שינה

sac de dormit

אוהל

cort

מרכז מידע לתיירים

....

unct de informare turistică

חוף ים

....

plajă

כרטיס אשראי

....

carte de credit

ארוחת בוקר

....

mic dejun

ארוחת צהריים

....

masa de prânz

ארוחת ערב

....

cină

כרטיס

....

bilet de călătorie

מעלית

....

lift

בול

....

timbru poștal

גבול

....

graniță

מכס

....

vamă

שגרירות

....

ambasadă

אשרה

....

viză

דרכון

....

pașaport

תחבורה

transport

מטוס
avion
אונייה
vas
כבאית
mașină de pompieri
אוטובוס
autobuz
משאית
camion
סירת מנוע
șalupă
אופניים
bicicletă
אוטו
autovehicul

מעבורת

feribot

סירה

barcă

אופנוע

motocicletă

ניידת משטרה

mașină de poliție

מכונית מרוץ

mașină de curse

רכב שכור

mașină închiriată

מכוניות בשיתוף

car sharing

אוטו גרר

mașină de tractat

משאית זבל

mașină de gunoi

מנוע

motor

דלק

combustibil

תחנת דלק

benzinărie

תמרור

semn de circulație

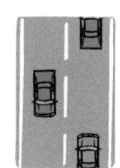

תנועה

trafic

פקק תנועה

ambuteiaj

חניה

parcare

תחנת רכבת

gară

פסי רכבת

șine

רכבת

tren

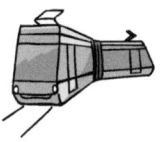

רכבת קלה

tramvai

קרון

vagon

מסוק

elicopter

שדה-תעופה

aeroport

מגדל

turn

נוסע

pasager

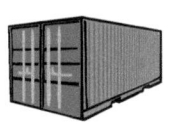

קונטיינר

container

קרטון

carton

עגלה

căruță

סל

coș

המראה / נחיתה

a decola/a ateriza

עיר

oraș

כפר

sat

מרכז העיר

centru

בית

casă

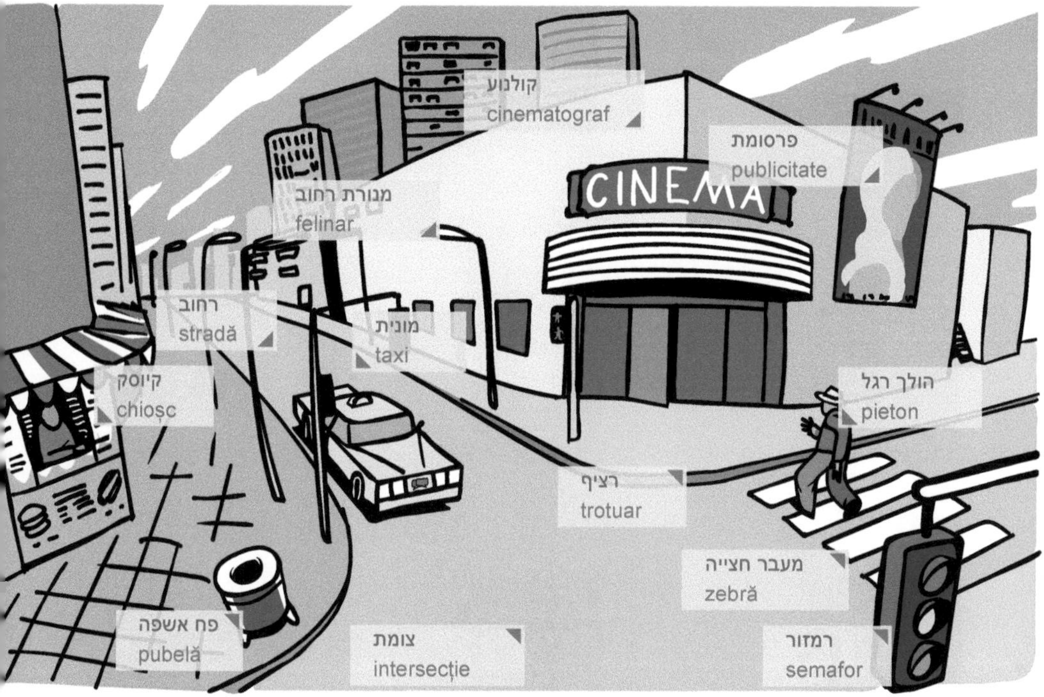

קולנוע
cinematograf
פרסומת
publicitate
CINEMA
מנורת רחוב
felinar
רחוב
stradă
מונית
taxi
קיוסק
chioșc
הולך רגל
pieton
רציף
trotuar
מעבר חצייה
zebră
פח אשפה
pubelă
צומת
intersecție
רמזור
semafor

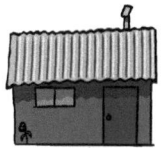

בקתה

cabană

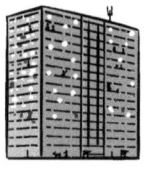

דירה

apartament

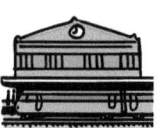

תחנת רכבת

gară

עירייה

primărie

MUSEUM

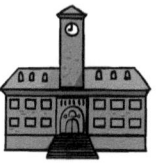

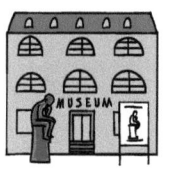

מוזיאון

muzeu

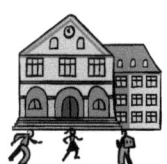

בית ספר

școală

אוניברסיטה

universitate

בנק

bancă

בית חולים

spital

מלון

hotel

בית מרקחת

farmacie

משרד

birou

חנות ספרים

librărie

חנות

magazin

חנות פרחים

florărie

סופרמרקט

supermarket

שוק

piață

כל-בו

magazin universal

מוכר דגים

comerciant de pește

קניון

centru comercial

נמל

port

פארק

parc

ספסל

bancă

גשר

pod

מדרגות

trepte

רכבת תחתית

metrou

מנהרה

tunel

תחנת אוטובוס

stație de autobuz

בר

bar

מסעדה

restaurant

תא דואר

cutie poștală

שלט רחוב

tăbliță indicatoare cu
numele străzii

מדחן

parcometru

גן חיות

grădină zoologică

בריכת שחיה

piscină

מסגד

moschee

חווה

gospodărie ţărănească

זיהום

poluare

בית עלמין

cimitir

כנסייה

biserică

מגרש משחקים

loc de joacă

בית מקדש

templu

נוף

peisaj

עלה
frunză

תמרור
indicator

דרך
drum

מרעה
pajişte

אבן
piatră

עץ
copac

מטייל
drumeţ

נהר
râu

דשא
iarbă

פרח
floare

בקעה

vale

הר

deal

אגם

lac

יער

pădure

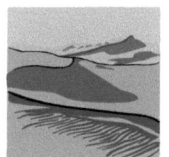

מדבר

deșert

הר געש

vulcan

טירה

castel

קשת בענן

curcubeu

פטריה

ciupercă

דקל

palmier

יתוש

țânțar

זבוב

muscă

נמלה

furnică

דבורה

albină

עכביש

păianjen

חיפושית

gândac

צפרדע

broască

סנאי

veveriță

קיפוד

arici

ארנב

iepure

ינשוף

bufniță

ציפור

pasăre

ברבור

lebădă

חזיר בר

porc mistreț

צבי

cerb

אייל הקורא

elan

סכר

dig

טורבינת רוח

turbină eoliană

פנל סולארי

panou solar

אקלים

climă

מסעדה
restaurant

מלצר
chelnăr
תפריט
meniu
כסא
scaun
מרק
supă
פיצה
pizza
סכו"ם
tacâmuri
מפת שולחן
față de masă

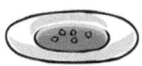

מנת פתיחה

antreu

מנה עיקרית

fel principal

קינוח

desert

שתיות

băuturi

אוכל

mâncare

בקבוק

sticlă

מזון מהיר

fastfood

אוכל רחוב

streetfood

קנקן תה

ceainic

מסכרת

zaharniță

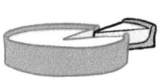

מנה

porție

מכונת אספרסו

espressor

כסא תינוק

scaun înalt (pentru copii)

חשבון

factură

מגש

tavă

סכין

cuțit

מזלג

furculiță

כף

lingură

כפית

linguriță

מפית

șervețel

כוס

pahar

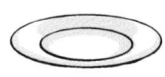

צלחת
farfurie

קערת מרק
farfurie de supă

תחתית
farfurie

רוטב
sos

מלחייה
solniță

מטחנת פלפל
râșniță de piper

חומץ
oțet

שמן
ulei

תבלינים
condimente

קטשופ
ketchup

חרדל
muștar

מיונז
maioneză

סופרמרקט

supermarket

מבצע
ofertă
FOR
לקוח
client
מוצרי חלב
produse lactate
פירות
fructe
עגלת קניות
cărucior de cumpărături

אטליז

măcelărie

מאפייה

brutărie

שקל

a cântări

ירקות

legume

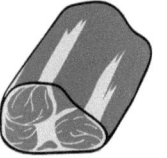

בשר

carne

מזון קפוא

alimente refrigerate

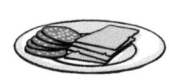

בשר קר

ezeluri și brânzeturi feliate

שימורים

conserve

אבקת כביסה

detergent

ממתקים

dulciuri

מוצרי בית

articole de menaj

חומר ניקוי

produse de curățenie

מוכרת

vânzătoare

קופה

casă

קופאי

casier

רשימת קניות

listă de cumpărături

שעות פתיחה

orar

ארנק

portmoneu

כרטיס אשראי

carte de credit

תיק

geantă

שקית נילון

pungă de plastic

שתיות
băuturi

מים

apă

מיץ

suc

חלב

lapte

קולה

cola

יין

vin

בירה

bere

אלכוהול

alcool

קקאו

cacao

תה

ceai

קפה

cafea

אספרסו

espresso

קפוצ'ינו

cappucino

בננה

....

banane

תפוח

....

măr

תפוז

....

portocală

אבטיח

....

pepene

לימון

....

lămâie

גזר

....

morcov

שום

....

usturoi

במבוק

....

bambus

בצל

....

ceapă

פטריות

....

ciupercă

אגוזים

....

nuci

אטריות

....

paste făinoase

ספגטי
....
spagheti

אורז
....
orez

סלט
....
salată

צ'יפס
....
cartofi prăjiți

צ'יפס
....
cartofi țărănești

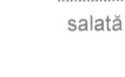

פיצה
....
pizza

המבורגר
....
hamburger

כריך
....
sandwich

שניצל
....
șnițel

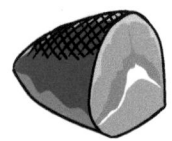

שינקין
....
șuncă

סלאמי
....
salam

נקניקיה
....
cârnați

עוף
....
pui

טיגון
....
friptură

דג
....
pește

שיבולת שועל

fulgi de ovăz

מוזלי

musli

קורנפלקס

cereale

קמח

făină

קרואסון

corn

לחמנייה

chifle

לחם

pâine

טוסט

pâine prăjită

עוגיות

biscuiți

חמאה

unt

גבינה לבנה

brânză de vaci

עוגה

prăjitură

ביצה

ou

ביצת עין

ouă ochiuri

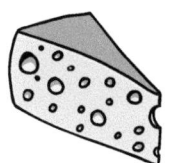

גבינה

brânză

גלידה

înghețată

סוכר

zahăr

דבש

miere

ריבה

marmeladă

ממרח נוגט

cremă nuga

קארי

curry

חווה

gospodărie țărănească

חבילת שחת
balot de paie
אסם
șură
שדה
câmp
סוס
cal
עגלת נגרר
remorcă
טרקטור
tractor
סייח
mânz
חמור
măgar
כבש
oaie
טלה
miel

עז
capră

פרה
vacă

עגל
vițel

חזיר
porc

חזרזיר
purcel

שור
taur

אווז

găină

ברווז

rață

אפרוח

pui

תרנגולת

găină

תרנגול

cocoș

חולדה

șobolan

חתול

pisică

עכבר

șoarece

שור

bou

כלב

câine

מלונה

cușcă

צינור השקיה

furtun de grădină

קנקן מים

stropitoare

חרמש

coasă

מחרשה

plug

חווה - gospodărie țărănească

מגל

seceră

מגרפה

sapă

קלשון

furcă

גרזן

secure

מריצה

roabă

שוקת

troacă

כד חלב

cană pentru lapte

שק

sac

גדר

gard

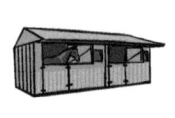

אורווה

grajd

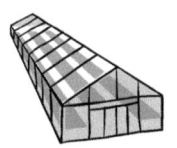

חממה

seră

אדמה

sol

זרע

sămânță

דשן

fertilizator

מקצרה

combină de treierat

קצר

a culege

קציר

recoltă

בטטה אפריקנית

cartof yam

חיטה

grâu

סויה

soia

תפוח אדמה

cartof

תירס

porumb

קנולה

rapiță

עץ פירות

pom fructifer

קסבה

manioc

דגנים

cereale

בית
casă

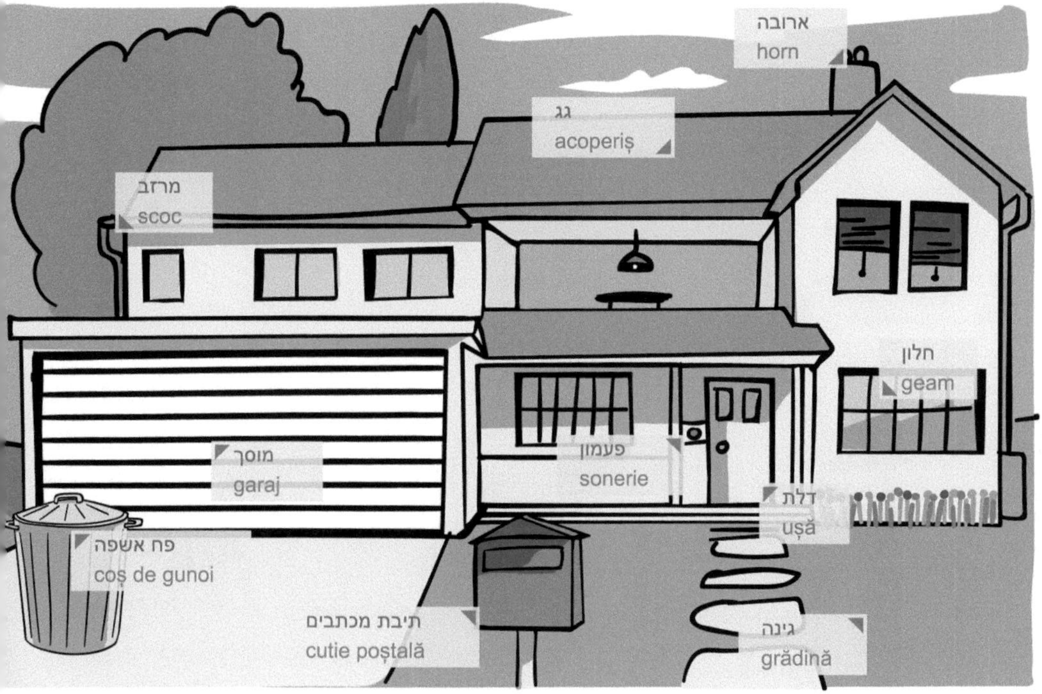

ארובה
horn
גג
acoperiș
מרזב
scoc
חלון
geam
מוסך
garaj
פעמון
sonerie
דלת
ușă
פח אשפה
coș de gunoi
תיבת מכתבים
cutie poștală
גינה
grădină

סלון
camera de zi

חדר אמבטיה
baie

מטבח
bucătărie

חדר שינה
dormitor

חדר ילדים
camera copiilor

חדר אוכל
sufragerie

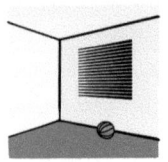

רצפה

podea

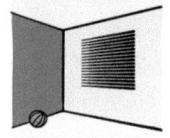

קיר

perete

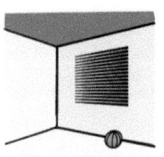

תקרה

tavan

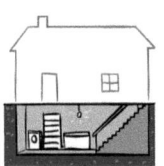

מרתף

pivniță

סאונה

saună

מרפסת

balcon

מרפסת

terasă

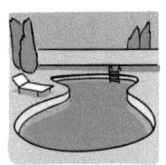

בריכה

piscină

מכסחת דשא

mașină de tuns iarba

סדין

cearșaf

כיסוי מיטה

cuvertură

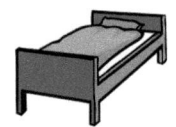

מיטה

pat

מטאטא

mătură

דלי

găleată

מפסק

întrerupător

סלון

cameră de zi

טפט
tapet
תמונה
pictură
מנורה
lampă
מדף
raft
ארון
dulap
טלוויזיה
televizor
אח
șemineu
פרח
floare
כרית
pernă
ספה
sofa
אגרטל
vază
שלט רחוק
telecomandă

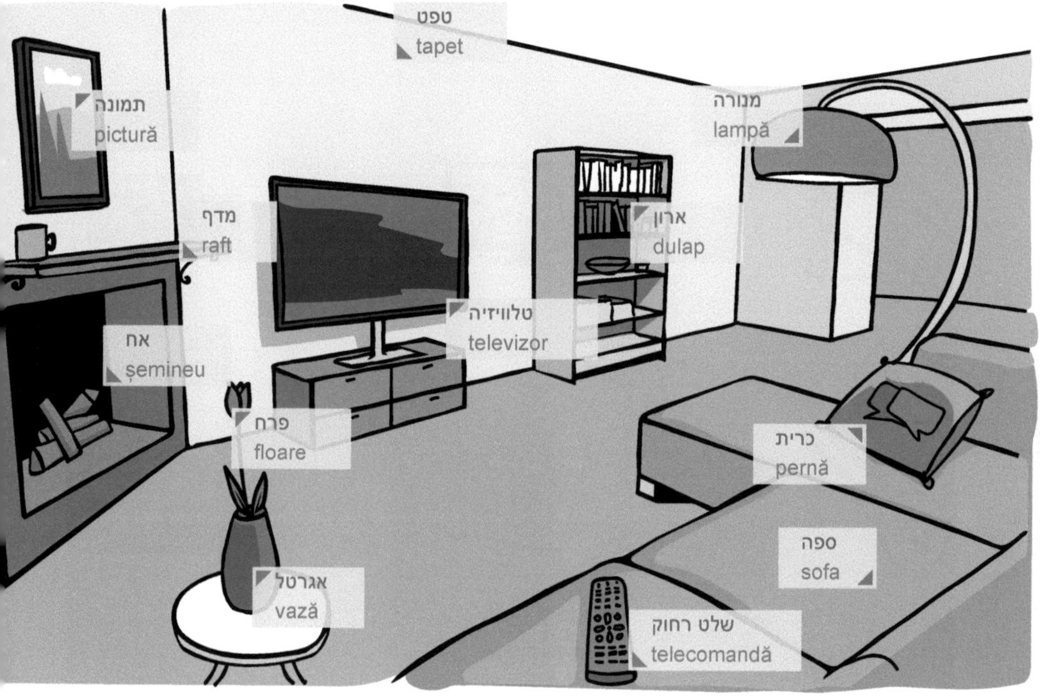

שטיח

covor

וילון

perdea

שולחן

masă

כסא

scaun

כיסא נדנדה

balansoar

כורסה

fotoliu

ספר

carte

שמיכה

pătură

דקורציה

decoraţiune

עצי הסקה

lemn de foc

סרט

film

מערכת סטריאו

instalaţie stereo

מפתח

cheie

עיתון

ziar

ציור

desen

פוסטר

poster

רדיו

radio

מחברת

caiet de notiţe

שואב אבק

aspirator

קקטוס

cactus

נר

lumânare

מטבח
bucătărie

מקרר
frigider
מיקרוגל
cuptor cu microunde
טוסטר
prăjitor de pâine
חומר ניקוי
detergent
תנור
cuptor
מקפיא
răcitor
פח אשפה
coș de gunoi
מדיח כלים
mașină de spălat vase

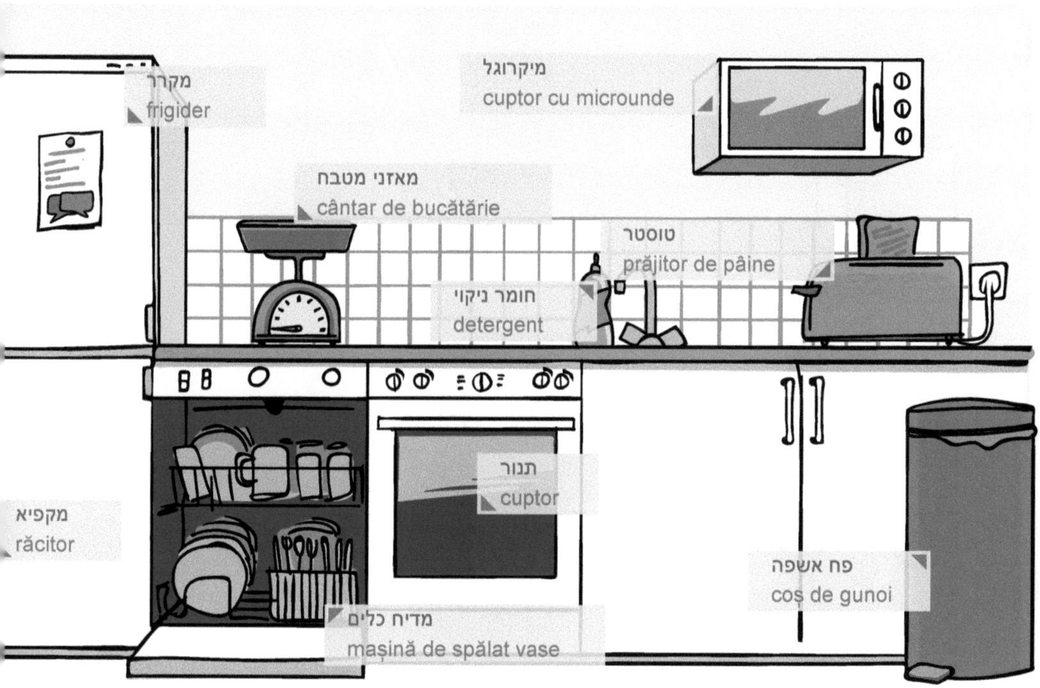

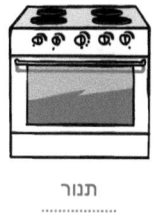

תנור
....
cuptor

סיר
....
oală

סיר ברזל
....
oală de metal

ווק
....
wok/kadai

מחבת
....
tigaie

קומקום חשמלי
....
ceainic

מאדה

oală de gătit cu aburi

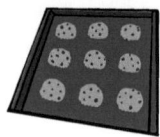

מגש אפייה

tavă de copt

כלי אוכל

veselă

ספל

pahar

קערה

bol

צ'ופסטיקס

bețișoare

מצקת

polonic

מרית

spatulă

מטרפה

tel

מסננת בישול

sită

מסננת

sită

מגרדת

răzătoare

מכתש

mojar

גריל

grătar

מדורה

loc pentru grătar

קרש חיתוך

tocător

מערוך

sucitor

פותחן פקקים

tirbușon

פחית

conservă

פותחן קופסאות

deschizător de conserve

מטלית

șervete termice

כיור

chiuvetă

מברשת

perie

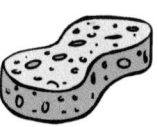

ספוג

burete

בלנדר

mixer

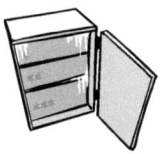

מקפיא

ladă frigorifică

בקבוק לתינוק

biberon

ברז

robinet

חדר אמבטיה
baie

מקלחת
duș
חימום
încălzire
מגבת
prosop
וילון מקלחת
perdea de duș
אמבטיית קצף
baie cu spumă
אמבטיה
cadă
כוס
pahar
מכונת כביסה
mașină de spălat
ברז
robinet
אריחים
gresie
סיר לילה
oală de noapte
כיור
chiuvetă

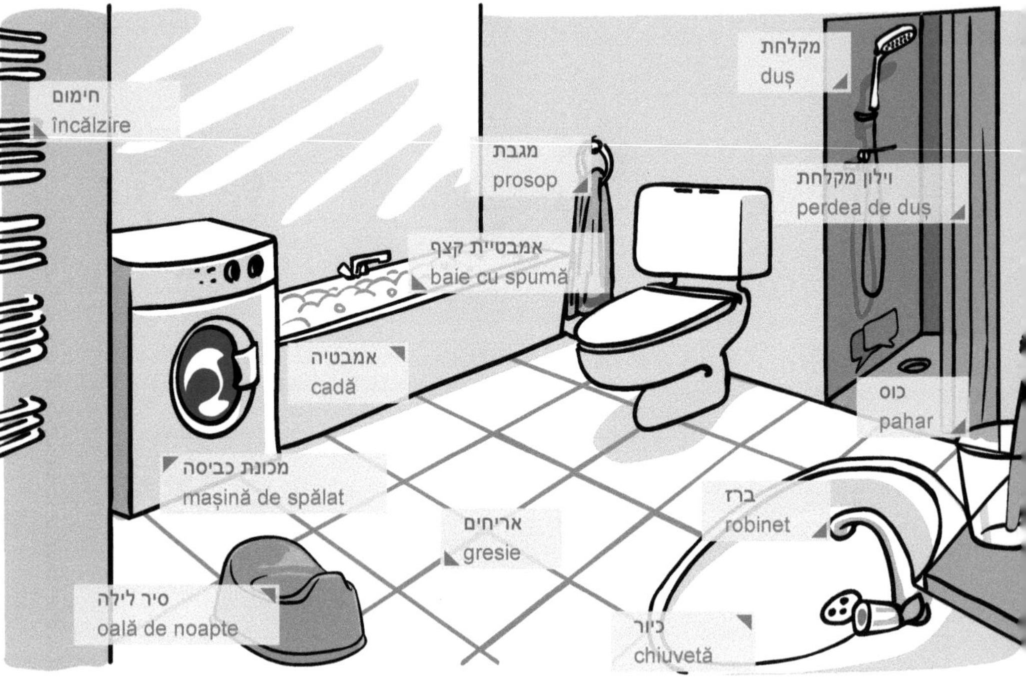

אסלה
toaletă

אסלת כריעה
toaletă turcescă

בידה
bideu

משתנה
pisoir

נייר טואלט
hârtie igienică

מברשת אסלה
perie de toaletă

מברשת שיניים

periuță de dinți

משחת שיניים

pastă de dinți

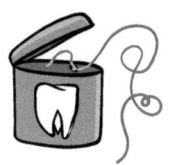

חוט דנטלי

ață dentară

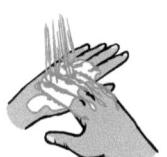

שטף

a spăla

מקלחת יד

cap de duș

צינור שטיפה לשירותים

duș intim

קערת רחצה

lavoar

מברשת גב

perie pentru spate

סבון

săpun

ג'ל רחצה

gel de duș

שמפו

șampon

ליפה

cârpă de spălat

ניקוז

scurgere

קרם

cremă

דיאודורנט

deodorant

מראה

oglindă

מראת יד

oglindă cosmetică

סכין גילוח

aparat de ras

קצף גילוח

spumă de ras

אפטרשייב

aftershave

מסרק

pieptene

מברשת

perie

מייבש שיער

uscător de păr

ספריי לשיער

fixator

איפור

machiaj

שפתון

ruj

לק

lac de unghii

צמר גפן

vată

מספריים לציפורניים

foarfece de unghii

בושם

parfum

תיק כלי רחצה

neseser

שרפרף

taburet

משקל

cântar

חלוק רחצה

halat de baie

כפפות גומי

mănuși de cauciuc

טמפון

tampon

תחבושת סניטרית

tampon

שירותים כימיקליים

toaletă chimică

חדר ילדים
camera copiilor

שעון מעורר
ceas deșteptător
צעצוע חיבוק
jucărie de pluș
מכונית צעצוע
mașină de jucărie
רעשן
morișcă
בית בובות
casă de păpuși
מתנה
cadou

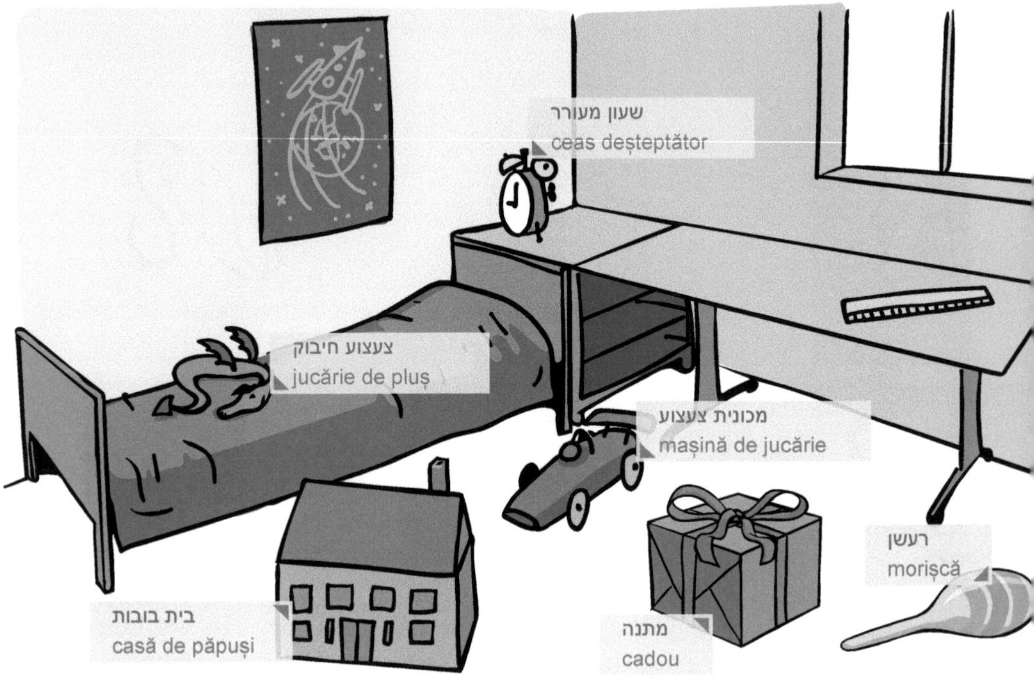

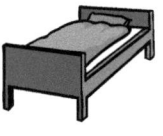

בלון balon	מיטה pat	עגלה cărucior de copii

משחק קלפים joc de cărți	פאזל puzzle	קומיקס revistă de benzi desenate

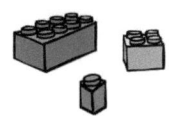

לגו

cuburi lego

קוביות משחק

piese pentru construcţii

דמות משחק

personaj din filmele de acţiune

סרבל תינוקות

body

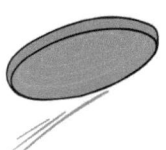

פריזבי

frisbee

נייד

mobil

משחק לוח

joc de societate

קוביה

zar

רכבת צעצוע

set trenuleţ de jucărie

מוצץ

suzetă

מסיבה

petrecere

אלבום תמונות

carte cu poze

כדור

minge

בובה

păpuşă

שיחק

a se juca

ארגז חול

groapă de nisip

נדנדה

leagăn

צעצועים

jucării

קונסולת משחקים

consolă video

אופניים תלת גלגלי

tricicletă

דובון

ursuleț

ארון בגדים

dulap

בגדים

îmbrăcăminte

גרביים

șosete

גרביונים

ciorapi

גרביון

dres

צעיף
şal
מטריה
umbrelă
חולצת טי
tricou
חגורה
curea
נעלי בית
papuci
מגפיים
cizme
נעלי ספורט
pantofi sport

סנדלים

sandale

נעליים

încălţăminte

מגפי גומי

cizme de cauciuc

תחתונים

chilot

חזייה

sutien

וסט

maiou

גוף

body

מכנסיים

pantaloni

ג'ינס

blugi

חצאית

fustă

חולצה מכופתרת

bluză

חולצה

cămașă

אפודה

pulover

סווצ'ר עם קפוצ'ון

jerseu

בלייזר

sacou

ז'קט

jachetă

מעיל

palton

מעיל גשם

pelerină de ploaie

תלבושת

costum

שמלה

rochie

שמלת כלה

rochie de mireasă

חליפה

costum

כותונת לילה

cămașă de noapte

פיג'מה

pijama

סארי

sari

מטפחת ראש

batic

טורבן

turban

בורקה

burka

קאפטן

caftan

עבאיה

abaya

בגד ים

costum de baie

בגד ים

șort

מכנסיים קצרים

pantaloni scurți

בגד אימון

trening

סינר

șorț

כפפות

mănuși

כפתור

nasture

משקפיים

ochelari

צמיד יד

brățară

שרשרת

lanț

טבעת

inel

עגיל

cercel

כובע

căciulă

קולב

umeraș

כובע

pălărie

עניבה

cravată

רוכסן

fermoar

קסדה

cască

כתפיות

bretele

תלבושת בית ספר

uniformă școlară

מדים

uniformă

מפית אוכל

bavețică

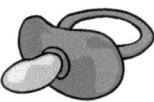

מוצץ

suzetă

חיתול

scutec

משרד

birou

שרת
server

תיקייה
dulap de acte

מדפסת
imprimantă

נייר
hârtie

מסך
monitor

שולחן עבודה
masă de birou

עכבר
mouse

תיק
fișier

מקלדת
tastatură

סל נייר
coș de gunoi

מחשב
computer

כסא
scaun

ספל קפה

ceașcă de cafea

מחשבון

calculator

אינטרנט

internet

מחשב נייד

laptop

מכתב

scrisoare

הודעה

mesaj

נייד

telefon mobil

רשת

rețea

מכונת צילום

copiator

תוכנה

software

טלפון

telefon

שקע

priză

פקס

fax

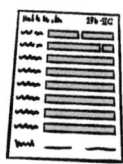

טופס

formular

מסמך

document

כלכלה
economie

קנה
a cumpăra

שילם
a plăti

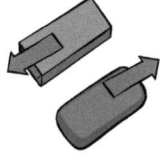

סחר
a face comerț

כסף
bani

דולר
Dolar

יורו
Euro

ין
Yen

רובל
Rublă

פרנק שווייצרי
Franc Elvețian

יואן רנמינבי
renminbi yuan

רופי
Rupie

כספומט
bancomat

המרת מטבע

casă de schimb valutar

זהב

aur

כסף

argint

נפט

petrol

אנרגיה

energie

מחיר

preț

חוזה

contract

מס

impozit

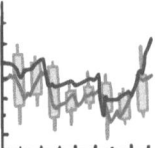

מנייה

acțiune

עבד

a munci

עובד

angajat

מעסיק

angajator

מפעל

fabrică

חנות

magazin

מקצועות
ocupații

שוטר
polițist
כבאי
pompier
טבח
bucătar
רופא
medic
טייס
pilot

גנן

grădinar

נגר

tâmplar

תופרת

cusătoreasă

שופט

judecător

כימאי

chimist

שחקן

actor

נהג אוטובוס

șofer de autobuz

נהג מונית

șofer de taxi

דייג

pescar

עובדת נקיון

femeie de serviciu

מתקן גגות

tinichigiu

מלצר

chelnăr

צייד

vânător

צייר

pictor

אופה

brutar

חשמלאי

electrician

עובד בניין

muncitor în construcții

מהנדס

inginer

קצב

măcelar

אינסטלטור

instalator

דוור

poștaș

חייל

soldat

אדריכל

arhitect

קופאי

casier

מוכר פרחים

florar

ספר

frizer

כרטיסן

controlor

מכונאי

mecanic

קברניט

căpitan

רופא שיניים

stomatolog

מדען

om de știință

רב

rabin

אימאם

imam

נזיר

călugăr

כומר

preot

כלי עבודה
instrumente

פטיש
ciocan
צבת
clește
מברג
șurubelniță
מפתח ברגים
cheie
פנס
lanternă

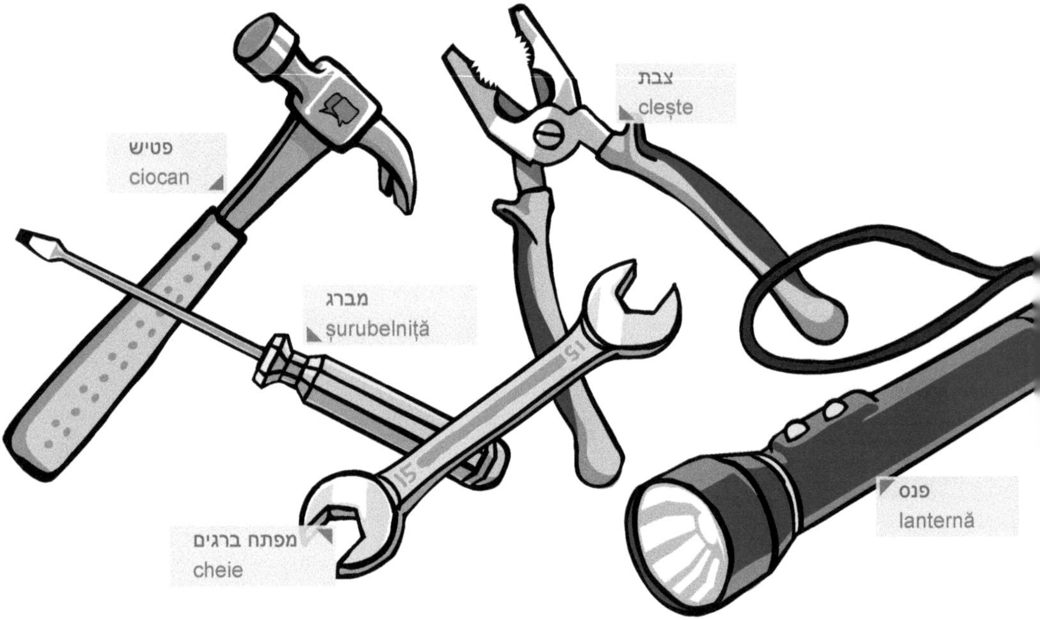

דחפור

excavator

ארגז כלים

cutie de scule

סולם

scară

מסור

ferăstrău

מסמרים

cuie

מקדחה

burghiu

תיקון

a repara

את חפירה

lopată

לעזאזל!

La naiba!

יעה

făraș

פח צבע

vas pentru vopsea

ברגים

șuruburi

כלי נגינה

instrumente muzicale

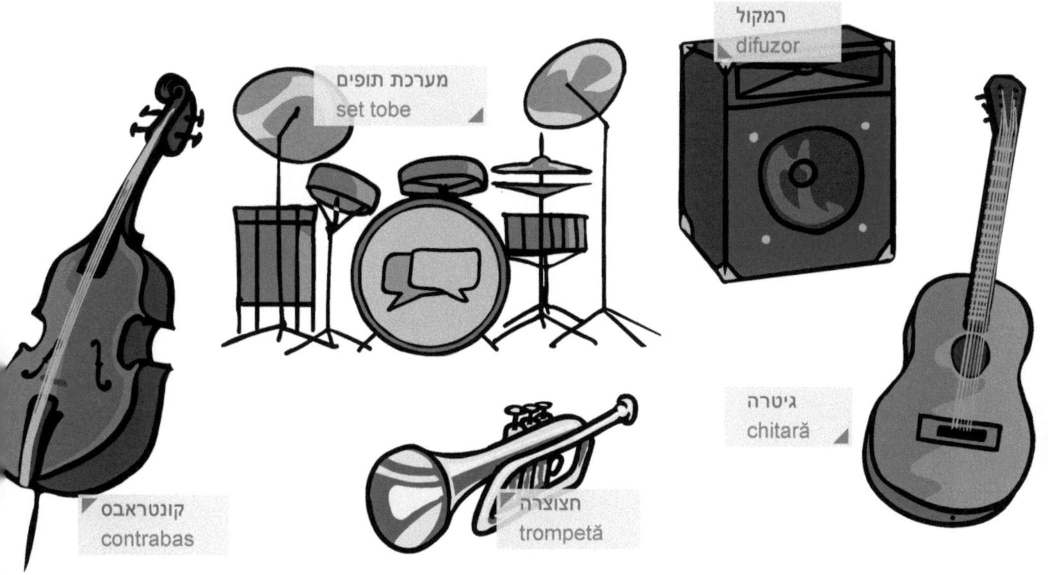

רמקול
difuzor

מערכת תופים
set tobe

גיטרה
chitară

קונטראבס
contrabas

חצוצרה
trompetă

פסנתר

pian

כינור

vioară

בס

bas

תוף הדוד

trombon

תופים

tobă

מקלדת פסנתר

keyboard

סקסופון

saxofon

חליל

fluier

מיקרופון

microfon

גן חיות
grădină zoologică

כניסה
intrare
נמר
tigru
כלוב
cușcă
זברה
zebră
מזון לחיות
mâncare pentru animale
פנדה
panda

בעלי חיים
animale

פיל
elefant

קנגרו
cangur

קרנף
rinocer

גורילה
gorilă

דוב
urs

גמל

cămilă

יען

struț

אריה

leu

קוף

maimuță

פלמינגו

flamingo

תוכי

papagal

דוב הקרח

urs polar

פינגווין

pinguin

כריש

rechin

טווס

păun

נחש

șarpe

תנין

crocodil

שומר גן החיות

îngrijitor grădina zoologică

כלב ים

focă

יגואר

jaguar

סוס פוני

ponei

לאופרד

leopard

היפופוטאם

hipopotam

ג'ירפה

girafă

נשר

acvilă

חזיר בר

porc mistreț

דג

pește

צב

broască țestoasă

סוס ים

morsă

שועל

vulpe

איילה

gazelă

ספורט

sport

פוטבול אמריקאי
fotbal american
רכיבת אופניים
ciclism
טניס
tenis
כדורסל
basketball
שחיה
înot
אגרוף
box
הוקי
hockey pe gheață

כדורגל

fotbal

בדמינטון

badminton

אתלטיקה

atletism

כדור-יד

handbal

עשה סקי

schi

פולו

polo

פעילויות
activități

קפץ
a sări
חיבק
a îmbrățișa
צחק
a râde
הלך
a merge
שר
a cânta
חלם
a visa
התפלל
a se ruga
נשק
a săruta

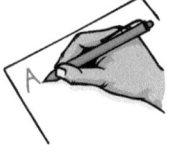

כתב
a scrie

צייר
a desena

הראה
a arăta

דחף
a împinge

נתן
a da

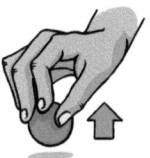

לקח
a lua

יש / להיות הבעלים
a avea

עשה
a face

היה
a fi

עמד
a sta în picioare

רץ
a fugi

משך
a trage

זרק
a arunca

נפל
a cădea

שכב
a sta întins

חיכה
a aștepta

סחב
a purta

ישב
a ședea

התלבש
a se îmbrăca

ישן
a dormi

התעורר
a se trezi

הסתכל ב-

a privi

בכה

a plânge

ליטף

a mângâia

סירק

a se pieptăna

דיבר

a vorbi

הבין

a înțelege

שאל

a întreba

שמע

a asculta

שתה

a bea

אכל

a mânca

סידר

a face ordine

אהב

a iubi

בישל

a găti

נהג

a conduce

עף

a zbura

שט

a naviga

חישב

a calcula

קרא

a citi

למד

a învăţa

עבד

a munci

התחתן

a se căsători

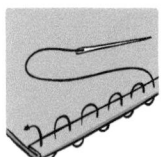

תפר

a coase

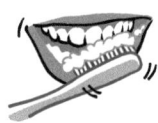

ציחצח שיניים

a se spăla pe dinţi

הרג

a ucide

עישן

a fuma

שלח

a trimite

משפחה
familie

סבתא
bunică
סבא
bunic
אבא
tată
אימא
mamă
תינוק
bebeluș
בת
soră
בן
fiu

אורח
oaspete

דודה
mătușă

דוד
unchi

אח
frate

אחות
soră

גוף

corp

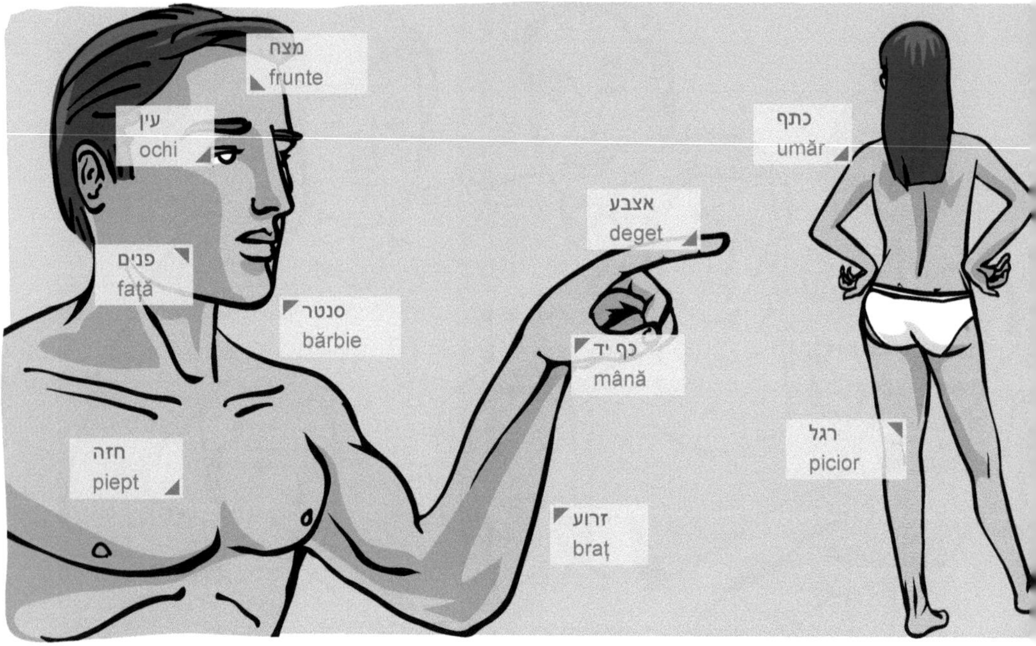

מצח
frunte
עין
ochi
כתף
umăr
אצבע
deget
פנים
fața
סנטר
bărbie
כף יד
mână
רגל
picior
חזה
piept
זרוע
braț

תינוק

bebeluș

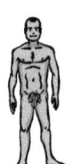

איש

bărbat

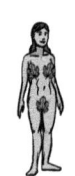

אישה

femeie

ילדה

fată

ילד

băiat

ראש

cap

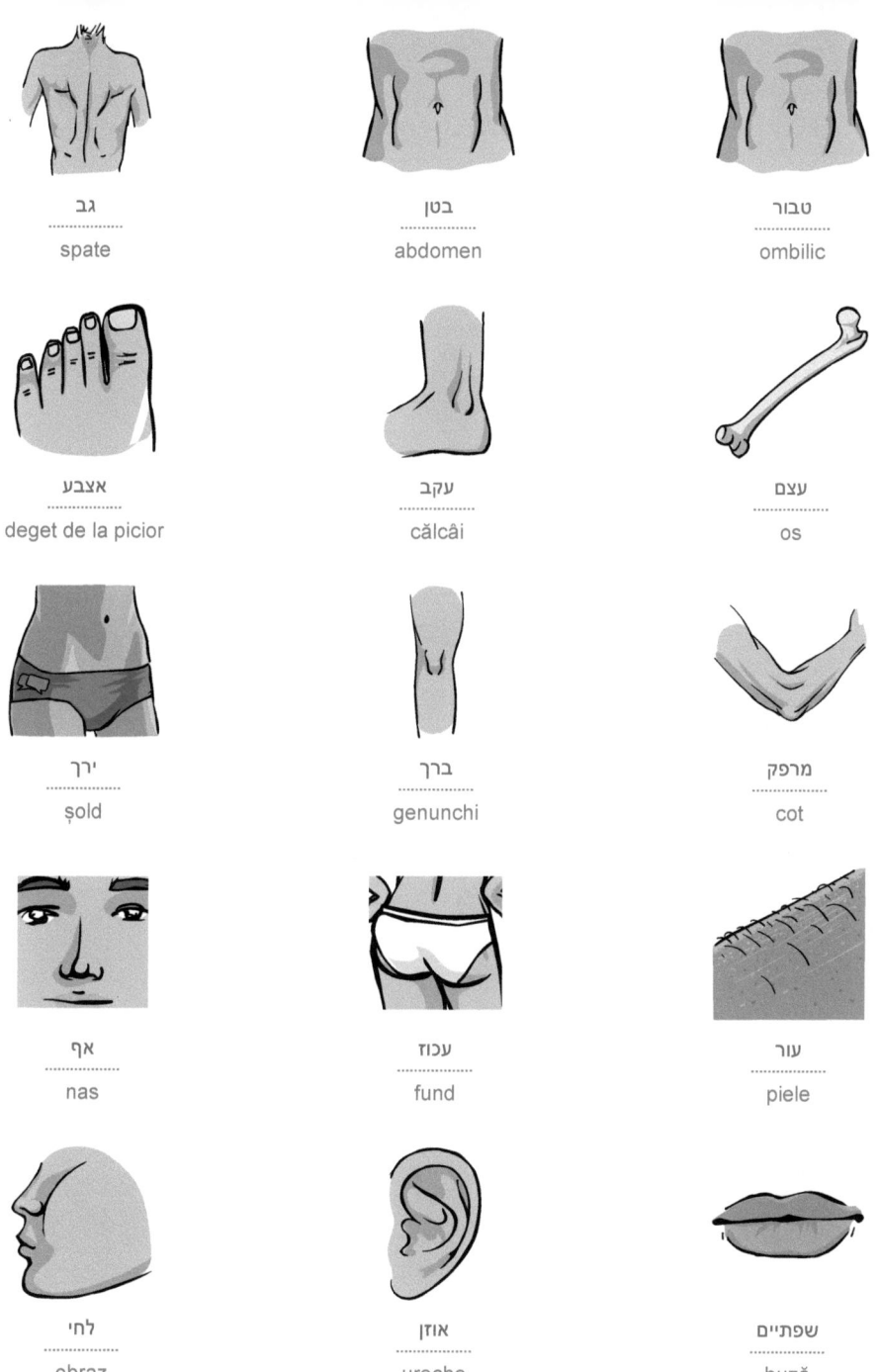

גב
spate

בטן
abdomen

טבור
ombilic

אצבע
deget de la picior

עקב
călcâi

עצם
os

ירך
șold

ברך
genunchi

מרפק
cot

אף
nas

עכוז
fund

עור
piele

לחי
obraz

אוזן
ureche

שפתיים
buză

פה
gură

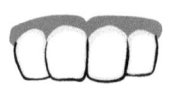

שן
dinte

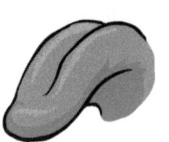

לשון
limbă

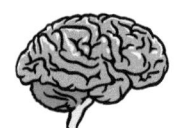

מוח
creier

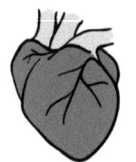

לב
inimă

שריר
mușchi

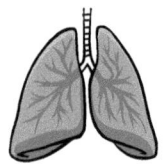

ריאה
plămân

כבד
ficat

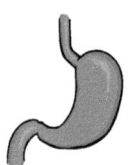

קיבה
stomac

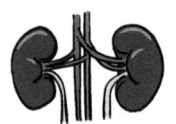

כליות
rinichi

מין
sex

קונדום
prezervativ

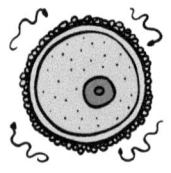

ביצית
ovul

זרע
spermă

הריון
sarcină

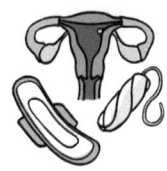

ווסת

menstruație

נרתיק

vagin

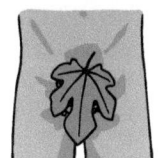

פין

penis

גבה

sprânceană

שיער

păr

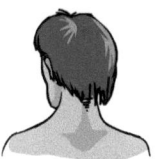

צוואר

gât

בית חולים
spital

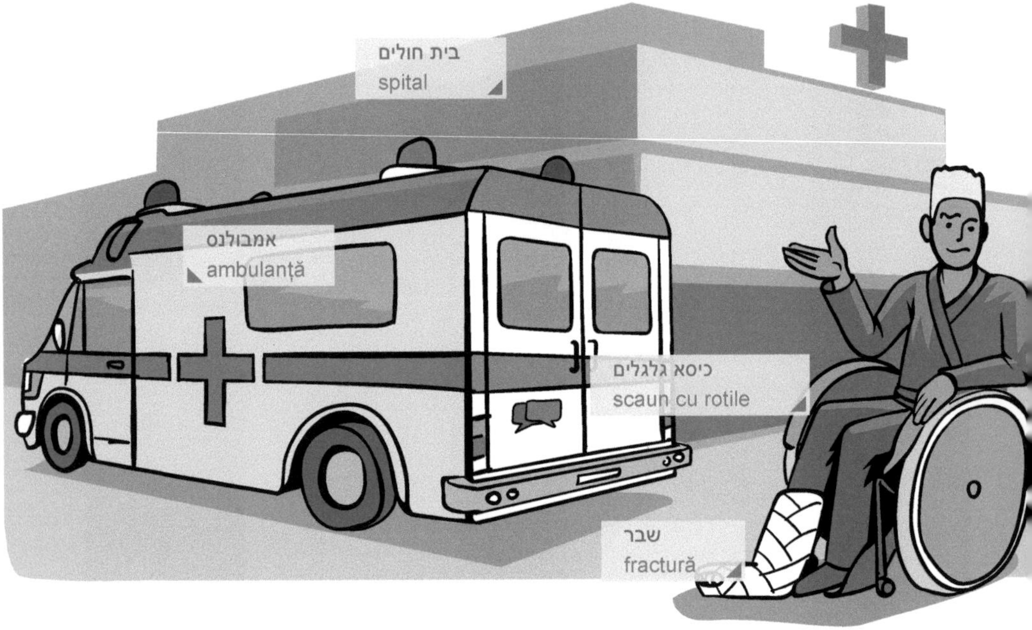

בית חולים
spital
אמבולנס
ambulanță
כיסא גלגלים
scaun cu rotile
שבר
fractură

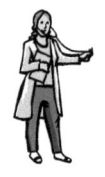

רופא

medic

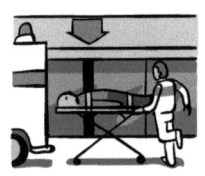

חדר מיון

unitate de primiri urgențe

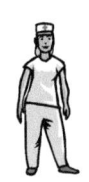

אחות

soră medicală

חירום

urgență

חסר הכרה

inconștient

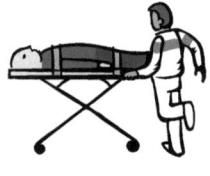

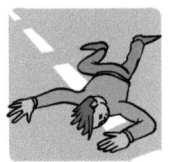

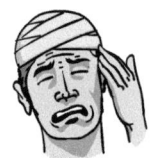

כאב

durere

פציעה
leziune

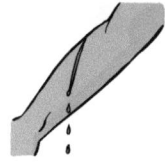

דימום
sângerare

התקף לב
infarct miocardic

שבץ
atac cerebral

אלרגיה
alergie

שיעול
tuse

חום
febră

שפעת
gripă

שלשול
diaree

כאב ראש
durere de cap

סרטן
cancer

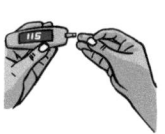

סוכרת
diabet

מנתח
chirurg

אזמל
scalpel

ניתוח
operație

סי-טי

CT

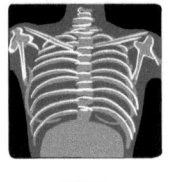

רנטגן

raze Röntgen

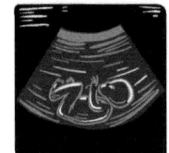

אולטרסאונד

ultrasunet

מסיכת פנים

mască

מחלה

boală

חדר המתנה

sală de așteptare

קבה

cârjă

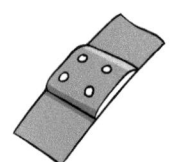

פלסטר

plasture

תחבושת

bandaj

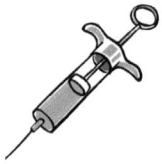

זריקה

injecție

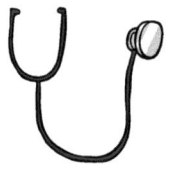

סטטוסקופ

stetoscop

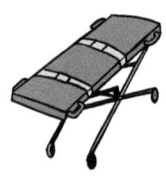

אלונקה

targă

מד חום

termometru

לידה

naștere

עודף משקל

supraponderabilitate

מכשיר שמיעה
aparat auditiv

מחטא
dezinfectant

זיהום
infecție

נגיף
virus

איידס
HIV/SIDA

תרופה
medicină

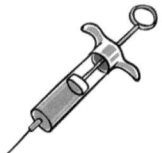

חיסון
vaccin

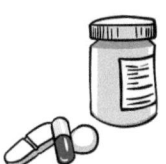

טבליות
tablete

גלולה
pastilă

קריאת חירום
apel de urgență

מד לחץ דם
aparat de măsurare a
presiunii arteriale

חולה / בריא
bolnav/sănătos

חירום
urgență

הצילו!

Ajutor!

אזעקה

alarmă

פשיטה

agresiune

תקיפה

atac

סכנה

pericol

יציאת חירום

ieșire de urgență

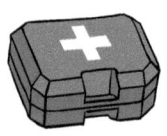

אש!

Foc!

מטף כיבוי

extinctor

תאונה

accident

ערכת עזרה ראשונה

trusă de prim-ajutor

הצילו!

SOS

משטרה

poliție

כדור הארץ
pământ

אירופה

Europa

צפון אמריקה

America de Nord

דרום אמריקה

America de Sud

אפריקה

Africa

אסיה

Asia

אוסטרליה

Australia

האוקיינוס האטלנטי

Altantic

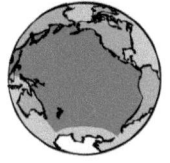

האוקיינוס השקט

Pacific

האוקיינוס ההודי

Oceanul Indian

האוקיינוס האנטרקטי

Oceanul Antarctic

האוקיינוס הארקטי

Oceanul Arctic

הקוטב הצפוני

Polul Nord

הקוטב הדרומי

Polul Sud

אנטארקטיקה

Antarctica

כדור הארץ

pământ

אדמה

țară

ים

mare

אי

insulă

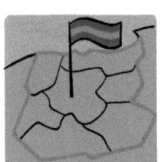

לאום

națiune

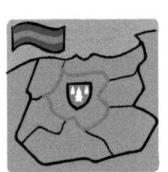

מדינה

stat

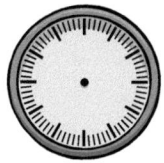

שעון

ceas

פני השעון
....
cadran

מחוג השעות
....
orar

מחוג הדקות
....
minutar

מחוג השניות
....
secundar

?מה השעה
....
Cât e ceasul?

יום
....
zi

זמן
....
timp

עכשיו
....
acum

שעון דיגיטלי
....
cead digital

דקה
....
minut

שעה
....
oră

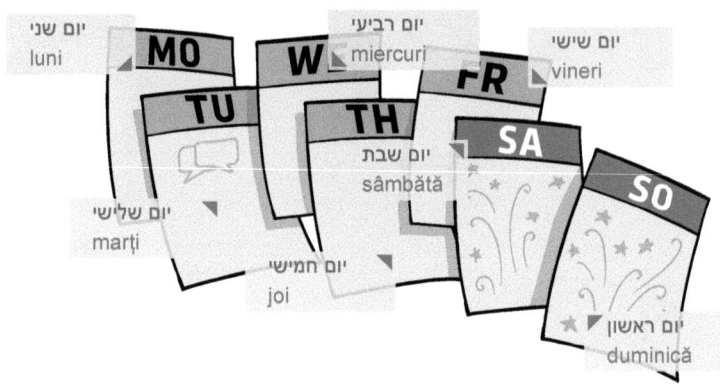

שבוע
săptămână

יום שני
luni
יום רביעי
miercuri
יום שישי
vineri
SA
יום שלישי
marți
יום שבת
sâmbătă
יום חמישי
joi
יום ראשון
duminică

אתמול
ieri

היום
azi

מחר
mâine

בוקר
dimineață

צהריים
amiază

ערב
seară

ימי עבודה
zile lucrătoare

סוף שבוע
week-end

שנה

an

גשם
ploaie
קשת בענן
curcubeu
רוח
vânt
שלג
zăpadă
אביב
primăvară
קיץ
vară
סתיו
toamnă
חורף
iarnă

4.APRIL 11°
5.APRIL 4°
6.APRIL 13°
7.APRIL 8°
8.APRIL 10°

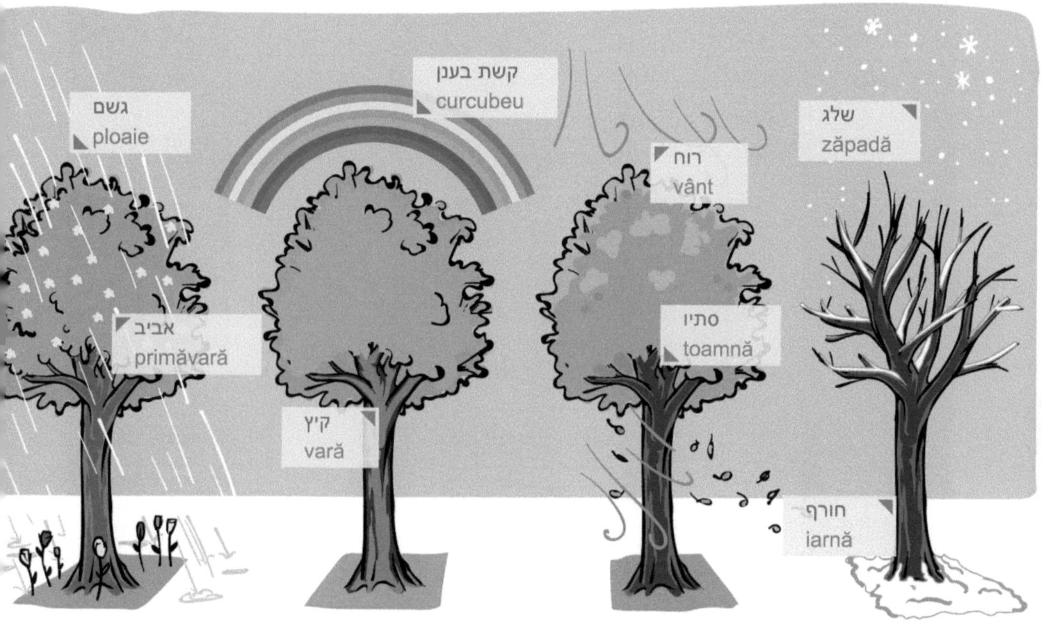

תחזית מזג האוויר
prognoză meteo

C
0
10
0
-10

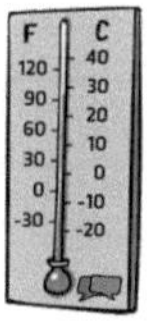

מד חום
termometru

אור שמש
lumina soarelui

ענן
nor

ערפל
ceață

לחות
umiditate a aerului

ברק

fulger

רעם

tunet

סערה

furtună

ברד

grindină

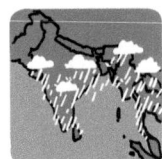

רוח עונתי

muson

שיטפון

inundație

קרח

gheață

ינואר

ianuarie

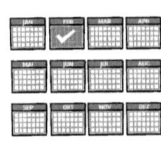

פברואר

februarie

מרץ

martie

אפריל

aprilie

מאי

mai

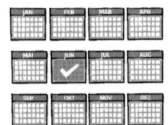

יוני

iunie

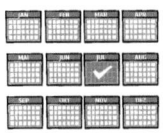

יולי

iulie

אוגוסט

august

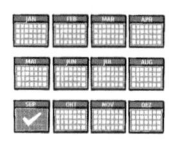

ספטמבר
....
septembrie

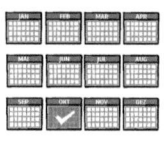

אוקטובר
....
octombrie

נובמבר
....
noiembrie

דצמבר
....
decembrie

צורות

forme

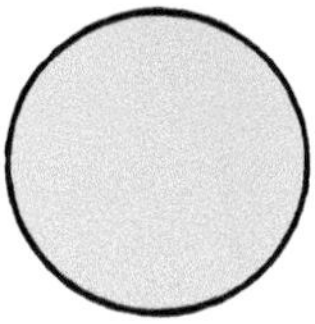

עיגול
....
cerc

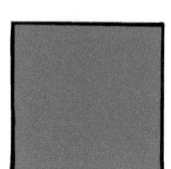

מרובע
....
pătrat

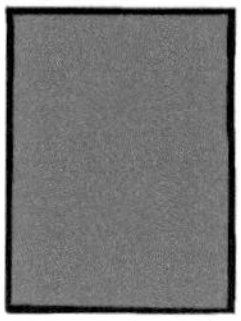

מלבן
....
dreptunghi

משולש
....
triunghi

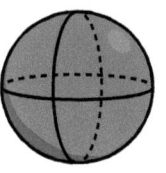

כדור
....
sferă

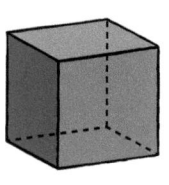

קובייה
....
cub

צבעים

culori

לבן

alb

צהוב

galben

כתום

portocaliu

ורוד

roz

אדום

roșu

סגול

violet

כחול

albastru

ירוק

verde

חום

maro

אפור

gri

שחור

negru

הפכים
antonime

יפה / מכוער

frumos/urât

כועס / רגוע

furios/calm

הרבה / מעט

mult/puțin

בהיר / כהה

luminos/întunecat

גדול / קטן

mare/mic

התחלה / סוף

început/sfârșit

שלם / חלקי

complet/incomplet

נקי / מלוכלך

curat/murdar

אח / אחות

frate/soră

רחב / צר

lat/strâmt

מת / חי

mort/viu

יום /לילה

zi/noapte

אכיל / לא אכיל

comestibil/necomestibil

רשע / טוב לב

rău/prietenos

מתרגש / משועמם

emoționat/plictisit

שמן / רזה

gras/slab

ראשון / אחרון

primul/ultimul

חבר / אויב

prieten/inamic

מלא / ריק

plin/gol

קשה / רך

tare/moale

כבד / קל

greu/ușor

רעב / צמא

foame/sete

חולה / בריא

bolnav/sănătos

בלתי-חוקי / חוקי

ilegal/legal

נבון / טיפש

inteligent/stupid

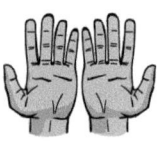

שמאל / ימין

stânga/dreapta

קרוב / רחוק

aproape/departe

חדש / משומש
nou/uzat

כלום / משהו
nimic/ceva

זקן / צעיר
bătrân/tânăr

פעיל / כבוי
pornit/oprit

פתוח / סגור
deschis/închis

שקט / רועש
încet/tare

עשיר / עני
bogat/sărac

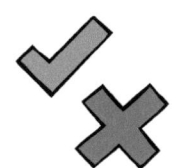

נכון / שגוי
corect/fals

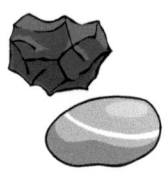

מחוספס / חלק
aspru/neted

עצוב / שמח
trist/fericit

קצר / ארוך
lung/scurt

איטי / מהיר
încet/repede

רטוב / יבש
ud/uscat

חם / קר
cald/rece

מלחמה / שלום
război/pace

מספרים

cifre

0	1	2
אפס zero	אחת unu	שתיים doi
3	4	5
שלוש trei	ארבע patru	חמש cinci
6	7	8
שש șase	שבע șapte	שמונה opt
9	10	11
תשע nouă	עשר zece	אחת-עשרה unsprezece

12
שתים-עשרה
douăsprezece

13
שלוש-עשרה
treisprezece

14
ארבע-עשרה
paisprezece

15
חמש-עשרה
cincisprezece

16
שש-עשרה
șaisprezece

17
שבע-עשרה
șaptesprezece

18
שמונה-עשרה
optsprezece

19
תשע-עשרה
nouăsprezece

20
עשרים
douăzeci

100
מאה
o sută

1.000
אלף
o mie

1.000.000
מיליון
un milion

שפות

limbi

אנגלית

engleză

אנגלית אמריקאית

engleză americană

סינית מנדרינית

chineza mandarină

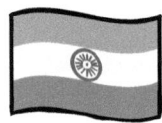

הודית

hindi

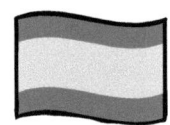

ספרדית

spaniolă

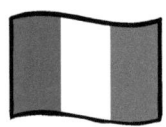

צרפתית

franceză

ערבית

arabă

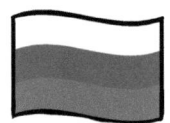

רוסית

rusă

פורטוגזית

protugheză

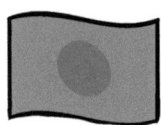

בנגלית

bengaleză

גרמנית

germană

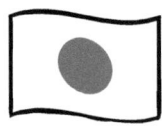

יפנית

japoneză

מי / מה / איך
cine/ce/cum

אני

eu

אתה / את

tu

הוא / היא / זה

el/ea

אנחנו

noi

אתם

voi

הם

ea

מי?

cine?

מה?

ce?

איך?

cum?

איפה?

unde?

מתי?

când?

שם

nume

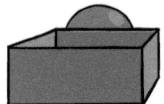

איפה
unde

מאחור

în spate

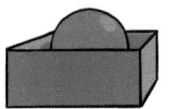

בתוך

în

לפני

înainte

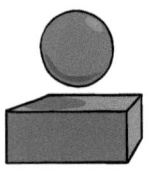

מעל

peste

על

pe

מתחת

sub

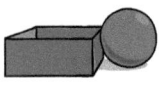

ליד

lângă

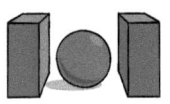

בין

între

מקום

loc